BEI GRIN MACHT SICH IHR WISSEN BEZAHLT

- Wir veröffentlichen Ihre Hausarbeit, Bachelor- und Masterarbeit

- Ihr eigenes eBook und Buch - weltweit in allen wichtigen Shops

- Verdienen Sie an jedem Verkauf

Jetzt bei www.GRIN.com hochladen und kostenlos publizieren

Bibliografische Information der Deutschen Nationalbibliothek:

Die Deutsche Bibliothek verzeichnet diese Publikation in der Deutschen Nationalbibliografie; detaillierte bibliografische Daten sind im Internet über http://dnb.dnb.de/ abrufbar.

Dieses Werk sowie alle darin enthaltenen einzelnen Beiträge und Abbildungen sind urheberrechtlich geschützt. Jede Verwertung, die nicht ausdrücklich vom Urheberrechtsschutz zugelassen ist, bedarf der vorherigen Zustimmung des Verlages. Das gilt insbesondere für Vervielfältigungen, Bearbeitungen, Übersetzungen, Mikroverfilmungen, Auswertungen durch Datenbanken und für die Einspeicherung und Verarbeitung in elektronische Systeme. Alle Rechte, auch die des auszugsweisen Nachdrucks, der fotomechanischen Wiedergabe (einschließlich Mikrokopie) sowie der Auswertung durch Datenbanken oder ähnliche Einrichtungen, vorbehalten.

Impressum:

Copyright © 2016 GRIN Verlag, Open Publishing GmbH
Druck und Bindung: Books on Demand GmbH, Norderstedt Germany
ISBN: 9783668548596

Dieses Buch bei GRIN:

http://www.grin.com/de/e-book/376926/angriffe-auf-kritische-infrastrukturen-elektronische-angriffe-im-fokus

Philipp Pelka

Angriffe auf kritische Infrastrukturen. Elektronische Angriffe im Fokus

GRIN Verlag

GRIN - Your knowledge has value

Der GRIN Verlag publiziert seit 1998 wissenschaftliche Arbeiten von Studenten, Hochschullehrern und anderen Akademikern als eBook und gedrucktes Buch. Die Verlagswebsite www.grin.com ist die ideale Plattform zur Veröffentlichung von Hausarbeiten, Abschlussarbeiten, wissenschaftlichen Aufsätzen, Dissertationen und Fachbüchern.

Besuchen Sie uns im Internet:

http://www.grin.com/

http://www.facebook.com/grincom

http://www.twitter.com/grin_com

Fachhochschule für öffentliche Verwaltung NRW
Abteilung: Münster
Studienabschnitt: Hauptstudium 3
Fachbereich: Polizeivollzugsdienst
Fach: HS 3.2 Oberseminar Cybercrime

Angriffe auf kritische Infrastrukturen

Philipp Pelka
Abgabedatum: 27.01.2016

Inhaltsverzeichnis

1. Einleitung 1

2. Definition elektronischer Angriff 1

    2.1 Arten eines elektronischen Angriffs 1

3. Infrastrukturen und kritische Infrastrukturen 2

    3.1 Sozioökonomische Dienstleistungsinfrastrukturen in Deutschland 3

    3.2 Technische Basisinfrastrukturen in Deutschland 4

    3.3 Vulnerabilität von kritischen Infrastrukturen 4

4. Die Bedrohungslage innerhalb Deutschlands 5

    4.1 Staatliche Maßnahmen zur Abwehr eines elektronischen Angriffs 6

5. Fazit 7

6. Literaturverzeichnis 8

7. Quellenverzeichnis 9

1. Einleitung

Die kritischen Infrastrukturen ("KRITIS") in Deutschland werden immer häufiger an das Internet angeschlossen und sind somit theoretisch weltweit erreichbar. Das birgt sehr viele Vorteile, aber dadurch können die KRITIS auch aus aller Welt angegriffen werden. Bei einem Ausfall der KRITIS ist mit erheblichen Störungen der öffentlichen Sicherheit und Ordnung zu rechnen. Die Anzahl von elektronischen Angriffen auf kritische Infrastrukturen hat sich in den vergangenen Jahren enorm gesteigert und ist dabei auch ein wichtiges Instrument zur Beschaffung von Informationen geworden.[1] Elektronische Angriffe stellen ein Risiko für unsere Daten, unsere Informationstechnologie und vor allem für unsere modernen, aber anfälligen Infrastrukturen dar. In der folgenden Ausarbeitung wird deshalb der Frage nachgegangen, ob elektronische Angriffe auf kritische Infrastrukturen in Deutschland eine Bedrohung darstellen oder ob es sich dabei um reine Fiktion handelt.

2. Definition elektronischer Angriff

Eine differenzierte Definition, was die genauen Kriterien eines elektronischen Angriffes sind, ist abschließend nicht möglich. Eine mögliche Definition ist die, die das Bundesamt für Verfassungsschutz (BfV) herausgegeben hat.

Demnach ist ein elektronischer Angriff „eine gemeinhin gezielt durchgeführte Maßnahme mit und gegen IT-Infrastruktur."[2] Dies bedeutet, dass ein solcher Angriff im seltensten Fall auf die Schädigung von vielen Computern gerichtet ist, sondern meistens ein bestimmtes Ziel, einen einzelnen Computer oder ein geschlossenes Netzwerk verfolgt. Ein aktuelles Beispiel wäre hier der gezielte Angriff auf das Netzwerk des deutschen Bundestages.[3]

2.1. Arten eines elektronischen Angriffs

Zum aktuellen Zeitpunkt gibt es drei Arten von elektronischen Angriffen. Die erste Art und Weise einen Angriff gegen infrastrukturelle Einrichtungen oder Informationstechnologie einzuleiten, ist über das Absenden einer

---

[1] Vgl. Elektronische Angriffe mit nachrichtendienstlichem Hintergrund S.7.
[2] Elektronische Angriffe mit nachrichtendienstlichem Hintergrund S.13.
[3] Vgl. Nach Hacker-Attacke/ Bundestag muss Computer-Netzwerk komplett neu aufbauen.

elektronischen Nachricht (engl. Email), welche in ihrem Anhang eine als Schadsoftware (engl. Malware) bezeichnete Datei enthält. Schadsoftware als solche ist dabei nur der Oberbegriff für eine speziell und vor allem individuell programmierte bösartige Software.[4]

Bei der zweiten Möglichkeit wird eine Webseite kopiert, sodass Sie wie die originale Webseite aussieht. Der Anwender denkt, dass er sich auf der originalen Website befindet. Sobald der Anwendet auf ein beliebiges Feld klickt öffnet sich ein Schadprogramm, welches im Nachgang heruntergeladen wird. Diese Art des elektronischen Angriffs wird als ein „Drive-by-Download"[5] bezeichnet. Es besteht zudem die Möglichkeit, dass Hacker auf einer seriösen Website Schadsoftware dran anhängt.[6]

Bei der dritten Variante werden Speichergeräte wie Speicherkarten, USB-Sticks oder externe Festplatten benutzt, um eine direkte Verbindung zum Computer des Opfers herzustellen. Die Daten befinden sich auf dem „Controller Chip".[7] Ein solcher „Controller-Chip ist so etwas wie der Übersetzer zwischen einem USB-Gerät und dem Computer, an den es angeschlossen wird. Zu diesem Chip gehört eine Firmware – eine Software, die Informationen unter anderem dazu enthält, zu welcher Geräteklasse ein Chip gehört".[8] Wenn diese Software verändert wird, dann kann dem Computer vorgespielt werden, dass das Speichermedium nicht erkannt werden kann. Dadurch kann ein USB-Stick zum Beispiel als MP3 Player erkannt werden. Dies kann zur Folge haben, dass die vorhandenen Sicherheitsvorkehrungen des Computers nicht greifen, da das Gerät als vertraut anerkannt wird und die Schadsoftware kann so unerkannt im Hintergrund aktiv werden und eine Verbindung zum Angreifer herstellen.

3. Infrastrukturen und kritische Infrastrukturen

Als allgemeine Infrastrukturen werden die Einrichtungen innerhalb einer Volkswirtschaft bezeichnet, die für die geordnete Wirtschaftstätigkeit und das soziale Leben nicht hinweg zu denken sind.

---

[4] Vgl. Viren und Malware. Eine Einführung S.4.
[5] Vgl. Achtung, Drive-by-Download.
[6] Vgl. Jeder 20. Download ist verseucht.
[7] Vgl. Jedes USB-Gerät kann zur Waffe werden.
[8] Vgl. ebd.

Beispiele für solche Infrastrukturen sind zum einen die Versorgungseinrichtungen für Wasser und Energie als auch die kommunikationsunterstützenden Strukturen zu bezeichnen.[9] Ohne die allgemeinen Infrastrukturen wäre das Leben, so wie wir es heute als „normal" empfinden, sowie die Produktion von Gütern in dem aktuellen Umfang, nicht möglich. Wegen dieser enormen Wichtigkeit für das gesamte Leben innerhalb Deutschlands und der meisten anderen westlichen modernen Staaten, stellen diese Strukturen ein potentielles Angriffsziel dar. Folgegleich liegt es nah, dass Infrastrukturen in diesem Zusammenhang auch als die „Lebensadern modener, leistungsfähiger Gesellschaften" bezeichnet werden.[10]

Die Stärke der Volkswirtschaft Deutschland ist also immanent abhängig von dem Vorhandensein moderner, leistungsfähiger und vor allem funktionierender Infrastrukturen anhängig, denn ohne diese, wäre Deutschland nicht das Deutschland, was wir kennen und hätte nicht internationale Reputation, welches es aktuell in Bezug auf die Herstellung von Waren und Gütern in der Welt genießt.

Eben in diesem Zusammenhang wird auch die Definition „Kritische Infrastruktur"[11] angewendet. Dies sind Einrichtungen oder Organisationen, die bei nicht Funktion oder eingeschränkter Funktionalität, enorme Auswirkungen auf die öffentliche Sicherheit (Beispiel: Polizei), Versorgungssituation (Beispiel: Umspannwerk) und weitere mögliche Konsequenzen für das Leben im Wirkungsbereich der betroffenen Infrastrukturen haben können.[12]. Die kritischen Infrastrukturen werden dabei noch in zwei Bereiche, die technische Basisinfrastrukturen und sozioökonomische Dienstleistungsinfrastrukturen unterteilt.

3.1. Sozioökonomische Dienstleistungsinfrastrukturen in Deutschland

Die technischen Basisinfrastrukturen und auch die sozioökonomische Dienstleistungsinfrastrukturen verschmelzen in Teilen stark miteinander oder sind zumindest in gewisser Abhängigkeit zueinander. Beispiele für sozioökonomische Dienstleistungsinfrastrukturen sind zum einen das

---
[9] Vgl. Infrastruktur.
[10] Vgl. Nationale Strategie zum Schutz Kritischer Infrastrukturen (KRITIS-Strategie) S.3.
[11] Vgl. ebd., S.3.
[12] Vgl. ebd., S. 4.

Gesundheitswesen mit den Krankenhäusern und den Krankenkassen, das Notfall- und Rettungswesen zu denen die Feuerwehr, die Polizei und der Rettungsdienst zu zählen sind, oder auch die Legislative und Exekutive in Form des Bundestages und der Regierung.[13]

3.2. Technische Basisinfrastrukturen in Deutschland

Dies sind Infrastrukturen oder alle Einrichtungen, ohne die die Versorgung mit Energie, Informationen, Gütern oder anderen lebenswichtigen Stoffen nicht oder nur begrenzt möglich wären. Ein Beispiel für eine technische Basisinfrastruktur ist die Infrastruktur im Bereich der Energie, genauer die Versorgung mit Strom mittels des Stromnetzes in Deutschland.

3.3. Vulnerabilität von kritischen Infrastrukturen

Das bezeichnende Fachwort für die Verwundbarkeit von kritischen Infrastrukturen ist die Vulnerabilität. Eine Definition für Vulnerabilität in Bezug auf Infrastrukturen ergibt sich aus der United Nations International Strategy for Disaster Reduction, nachdem ergibt sich die Verwundbarkeit aus einer Kombination mehrerer Faktoren, die die Anfälligkeit einer Gesellschaft gegenüber von Angriffen erhöhen.[14] Da die Vulnerabilität an sich keine Maßeinheit darstellt und somit die Vulnerabilität zweier Infrastrukturen nicht vergleichbar ist, braucht es einen Bezug, um eine Einschätzung bezüglich der individuellen Vulnerabilität einer Infrastruktur zu ermöglichen. Diese Einordnung erfolgt mit Hilfe von ermittelten Indikatoren, die für eine ausgewählte Infrastruktur von besonderer Bedeutung sind. Beispiele hierfür sind unter anderem die Geschlossenheit eines Systems, die Reaktionsgeschwindigkeit oder die oben bereits erwähnte Kritikalität.[15] Diese genannten Vergleichs- und Bewertungsindikatoren werden dann einzeln definiert und bezüglich ihres Zutreffens gewichtet. Die sich daraus ergebende Vulnerabilität einer ausgewählten Infrastruktur ermöglicht einen differenzierten Überblick über die aktuelle Situation in Bezug auf eine ausreichende oder mangelhafte Sicherheitslage. Wird ein Problem oder eine

---

[13] Vgl. Nationale Strategie zum Schutz Kritischer Infrastrukturen (KRITIS-Strategie) S.8.
[14] Vgl. Aktueller Forschungsstand zur Verwundbarkeit kritischer Infrastrukturen am Beispiel der Stromversorgung.
[15] Vgl. Vulnerabilität Kritischer Infrastrukturen S.49.

Schwachstelle der Infrastruktur erkannt, wird es so möglich, gezielt Gegenmaßnahmen einzuleiten und mögliche Schäden zu verhindern.

4. Die Bedrohungslage innerhalb Deutschlands

Elektronische Angriffe auf kritische Infrastrukturen sind keine Fiktion mehr. Dies zeigt unteranderem die vermehrte Präsenz von Stellungnahmen der Regierung zu genau diesem Thema und das eine breite öffentliche Diskussionen über dieses Thema entstanden ist. Oft wird versucht die erfolgten Angriffe gezielt geheim zu gehalten, um die vom Angreifer genutzten Sicherheitslücken nicht zusätzlich zu verbreiten und so gegeben falls Nachahmern den Weg zu erleichtern.[16] Um eine genaue Analyse der Anzahl solcher Angriffe zu ermöglichen, müssten die Opfer solcher Attacken die Angriffe veröffentlichen und melden. Eine Meldepflicht diesbezüglich ist aktuell im Gespräch, jedoch stößt sie bei Teilen der verantwortlichen Ministerien und wichtigen Wirtschaftsorganisationen auf vehemente Ablehnung. Selbst im Bundestag, der höchsten deutschen legislativen Einrichtung, wurde auf eine Anfrage von einem Abgeordneten der Partei „Die Linke" bezüglich der Anzahl solcher Angriffe, von Seiten der Bundesregierung keine klare Antwort geben, wie viele Angriffe es in den letzten zehn Jahren gegeben hat.[17] Weiterhin gibt die Bundesregierung in derselben Stellungnahme an, dass seit dem Jahr 2005 ungefähr 200 Angriffe registriert wurden.[18] Ob sich diese Angriffe dabei gegen Unternehmen oder gezielt gegen staatliche Infrastruktur richteten, wird nicht weiter differenziert. Der Verfassungsschutzpräsident Hans Georg Maaßen, gab auf einer Konferenz zur nationalen Cybersicherheit an, das allein die deutsche Bundesregierung ein beliebtes Ziel für digitale Angreifer sei und es innerhalb eines Jahres über 1000 Angriffe auf das Regierungsnetz des Bundes gegeben hat.[19] Diese beiden Aspekte, die Stellungnahme der Bundesregierung und die Aussage des Präsidenten des Verfassungsschutzes, zeigen, dass Deutschland sowohl auf Regierungsebene als auch privatwirtschaftlicher Seite schon in vielen Fällen das Ziel solcher Angriffe geworden ist. Weiterhin zeigt die Anzahl der angegeben Angriffe, dass entweder der direkte Nachweis

---
[16] Vgl. Gefährliche Geheimhaltung.
[17] Vgl. Deutscher Bundestag. 18. Wahlperiode S.3.
[18] Vgl. ebd., S.3.
[19] Vgl. Gefährliche Geheimhaltung.

schwierig ist oder dass das tatsächliche Ausmaß wohlmöglich nicht preisgegeben werden soll.

4.1. Staatliche Maßnahmen zur Abwehr eines elektronischen Angriffs

Um der steigenden Gefahr, die bewiesenermaßen von elektronischen Angriffen ausgeht, entgegenwirken zu können, müssen verschiedene Behörden zusammen arbeiten, um einen Erfolg zu erzielen. Eine der beteiligten Behörden ist das „Bundesamt für Verfassungsschutz". Diese Behörde nimmt dabei Aufgaben, wie ein Inlandsgeheimdienst, innerhalb von Deutschland war. Weiterhin soll die Behörde einen elektronischen Angriff frühzeitig erkennen, möglichst bereits vorm Eintritt eines Schadens. Insbesondere soll die Behörde auch in gutem Kontakt zu den Behörden von anderen Staaten stehen, um im Falle einer Bedrohungslage durch einen elektronischen Angriff zusammen gegen diese Bedrohungen agieren zu können.[20]

Da die möglichen Zuständigkeiten auf viele weitere Bundesbehörden verteilt sind, wie zum Beispiel das Bundeskriminalamt, der Bundesnachrichtendienst oder die Bundespolizei, wurde das Cyber-Abwehrzentrum geschaffen, um die jeweiligen Aktionen, Reaktionen und auch die gewonnen Erkenntnisse der einzelnen jeweiligen Behörden gesammelt zu koordinieren.[21] In dem Cyber-Abwehrzentrum werden alle Informationen, die bezüglich eines elektronisch durchgeführten Angriffs zusammengeführt werden müssen, gebündelt, um Gegenmaßnahmen rechtzeitig und sinnvoll zu setzen. Das Cyber-Abwehrzentrum stellt einen Teil der Cyber-Sicherheitsstrategie für die Bundesrepublik Deutschland dar, welche im Jahr 2011 vom zuständigen Bundesministerium des Innern verfasst wurde. Inhalt dieser Strategie ist die Abwehr elektronischer Angriffe und besonders, dass in diesem Zusammenhang dem Cyber-Abwehrzentrum eine grundlegende Rolle zugesprochen wird. Das Cyber-Abwehrzentrum fungiert wie eine Art Sammelstelle für alle wichtigen Informationen. Dies soll bewirken, dass mögliche Probleme bei der Zuständigkeit nicht dazu führen, dass wichtige Zeit bei der Reaktion auf einen IT-Sicherheitsfall nicht verloren wird.[22] Die

---

[20] Vgl. Elektronische Angriffe mit nachrichtendienstlichem Hintergrund S.31.
[21] Vgl. Nationales Cyber-Abwehrzentrum.
[22] Vgl. Elektronische Angriffe mit nachrichtendienstlichem Hintergrund S.33.

Kontrolle über das Cyberabwehr-Zentrum obliegt dem Bundesamt für Sicherheit in der Informationstechnik.[23]

Eine weitere Maßnahme, um einem möglichen Angriff auf kritische Infrastrukturen und daraus resultierende Ausfälle der staatlichen Infrastruktur möglichst ohne schwerwiegende nachfolgende Folgen abarbeiten zu können, wird von dem zuständigen Bundesamt für Bevölkerungsschutz und Katastrophenhilfe, in regelmäßigen Abständen die LÜKEX organisiert. LÜKEX ist in diesem Zusammenhang die Abkürzung für „Länder übergreifende Krisenmanagementübung/Exercise".[24] Die LÜKEX ist eine strategische Übung, bei der die eingesetzten Krisenstäbe beweisen können, dass sie mit fiktiven Szenarien zurechtkommen würden. Die Szenarien sind dabei so ausgewählt, dass zum einen mehrere Staaten an sich von dem Angriff betroffen sind oder zumindest die Bundesrepublik in Großteilen.[25] So besteht die Möglichkeit, dass etwaige Schwachstellen in der Bewältigung solcher Lagen im Vorhinein aufgedeckt werden und behoben werden können. Im Falle eines realen Angriffs können die Auswirkungen dann minimiert werden.

5. Fazit

Zu Beginn dieser Ausarbeitung habe ich mir die Frage gestellt, ob elektronische Angriffe auf kritische Infrastrukturen in Deutschland eine Bedrohung darstellen oder ob es sich dabei um reine Fiktion handelt. Wenn mir persönlich die Frage gestellt werden würde, ob eine Bedrohung besteht, dann würde ich diese mit „ja" beantworten. Jedoch besteht aktuell keine absolute Bedrohungslage. . Es ist nicht bei jedem elektronischen Angriff mit enormen Schäden zu rechnen. Jedoch besteht eine Bedrohung, die zumindest peripher im Hintergrund vorhanden ist. Die zuständigen Stellen haben die Gefahr erkannt und sind auf solch einen Angriff vorbereitet. Natürlich ist kein System der Welt zu 100% sicher, sodass über kurz oder lang jedes System gehackt werden kann.

---

[23] Vgl. Nationales Cyber-Abwehrzentrum.
[24] Vgl. LÜKEX – Krisenspiel für den Bevölkerungsschutz in Deutschland.
[25] Vgl. ebd..

6. Literaturverzeichnis

Beck, Marie-Luise: Aktueller Forschungsstand zur Verwundbarkeit kritischer Infrastrukturen am Beispiel der Stromversorgung, Vom Forschungsforum Öffentliche Sicherheit der Freien Universität Berlin, Berlin 2010.

Bundesministerium für Bevölkerungsschutz und Katastrophenhilfe: Vulnerabilität Kritischer Infrastrukturen, Bonn 2009.

Bundesministerium des Innern: Nationale Strategie zum Schutz Kritischer Infrastrukturen (KRITIS-Strategie), Berlin 2009.

Bundesministerium des Innern: Verfassungsschutzbericht 2013 - Fakten und Tendenzen, Berlin 2013.

Bundesministerium des Innern: Deutscher Bundestag. 18. Wahlperiode, Drucksache 18/2281, Berlin 2014.

Bundesamt für Verfassungsschutz: Elektronische Angriffe mit nachrichtendienstlichem Hintergrund, Köln 2014.

Kittel, Martin / Tiçak, Mario: Viren und Malware - Eine Einführung, Hamburg 2002.

7. Quellenverzeichnis

Bundesamt für Bevölkerungsschutz und Katastrophenhilfe: LÜKEX – Krisenspiel für den Bevölkerungsschutz in Deutschland.

URL:http://www.bbk.bund.de/DE/AufgabenundAusstattung/Krisenmanagement/Luekex/TT_Luekex_ueberblick.html

Stand: 14.01.2016

Bundesministerium der Inneren: Nationales Cyber-Abwehrzentrum.

URL:http://www.bmi.bund.de/DE/Themen/IT-Netzpolitik/IT-Cybersicherheit/Cybersicherheitsstrategie/Cyberabwehrzentrum/cyberabwehrzentrum_node.html

Stand: 14.01.2016

Bundeszentrale für politische Bildung: Achtung, Drive-by-Download.

URL:http://www.bpb.de/politik/innenpolitik/innere-sicherheit/76653/cyberkriminalitaet

Stand: 14.01.2016

Computerwelt: Jeder 20. Download ist verseucht.

URL:http://www.computerwelt.at/news/technologie-strategie/security/detail/artikel/73875-jeder-20-download-ist-verseucht/

Stand: 14.01.2016

Deutschlandfunk: Gefährliche Geheimhaltung.

URL:http://www.deutschlandfunk.de/gefaehrliche-geheimhaltung.676.de.html?dram:article_id=248981

Stand: 14.01.2016

Focus Online: Nach Hacker-Attacke/ Bundestag muss Computer-Netzwerk komplett neu aufbauen.

URL:http://www.focus.de/politik/deutschland/netzwerk-nicht-mehr-zu-retten-bundestag-muss-gesamtes-sicherheitssystem-neu-aufbauen_id_4741970.html

Stand: 14.01.2016

Gabler Wirtschaftslexikon: *Infrastruktur.*

URL: http://wirtschaftslexikon.gabler.de/Definition/infrastruktur.html

Stand: 14.01.2016

Zeit Online: Jedes USB-Gerät kann zur Waffe werden.

URL:http://www.zeit.de/digital/datenschutz/2014-07/usb-controller-chip-angriff-srlabs

Stand: 14.01.2016

BEI GRIN MACHT SICH IHR WISSEN BEZAHLT

- Wir veröffentlichen Ihre Hausarbeit, Bachelor- und Masterarbeit

- Ihr eigenes eBook und Buch - weltweit in allen wichtigen Shops

- Verdienen Sie an jedem Verkauf

Jetzt bei www.GRIN.com hochladen und kostenlos publizieren